A DOSE DO DIA
(A DOZEN A DAY)

**Exercícios técnicos
PARA PIANO
a serem executados todos os dias
ANTES da aula**

por
Edna - Mae Burnam
Tradução de Bruno Quaino

MINI-LIVRO
(Iniciação)

Nº Cat.: BQ065

© Copyright 1974 by THE WILLIS MUSIC CO. - Cincinnati (Ohio) - USA.
International Copyright Secured - All rights reserved.

7777 W. BLUEMOUND RD. P.O. BOX 13819 MILWAUKEE, WI 53213

Publicado sob licença de Hal Leonard Co.

Todos os direitos reservados,
para língua portuguesa no Brasil, a

Irmãos Vitale Editores Ltda.
vitale.com.br

Rua Raposo Tavares, 85 São Paulo SP
CEP: 04704-110 editora@vitale.com.br Tel.: 11 5081-9499

CIP-BRASIL. CATALOGAÇÃO NA FONTE
SINDICATO NACIONAL DOS EDITORES DE LIVROS - RJ.

B976d

Burnam, Edna Mae, 1907-2007
  A dose do dia : exercícios técnicos para piano a serem executados todos os dias antes da aula : mini livro (iniciação) / Edna Mae Burnam ; tradução Bruno Quaino. - 1. ed. - Rio de Janeiro : Irmãos Vitale, 2013.
  28 p. : il. ; 28 cm.

  Tradução de: A dozen a day
  ISBN 978-85-7407-385-9

  1. Música - Instrução e ensino 2. Piano - Instrução e estudo. I. Título.

13-00154   CDD: 786.2
                                                                               CDU: 780.616.432

15/04/2013   15/04/2013

INDICE

EDNA-MAE BURNAM..5 e 7
Palavra a Alunos e Professores

GRUPO I..9
1. Andando
2. Pulando Num Pé Só
3. Quicando Bola Com a Mão Direita
4. Quicando Bola Com a Mão Esquerda
5. Rolando no Chão
6. Braços Pra Cima e Pra Baixo
7. Saltitando
8. Respirando Fundo
9. Martelando Com a Mão Direita
10. Martelando Com a Mão Esquerda
11. Andando de Botas em Poças d'Água
12. Agora Estou Pronto Pra Tocar
   Vamos a Aula Começar

GRUPO II..13
1. Torcendo-se Pra Direita e Pra Esquerda
2. Flexionando os Braços Pra Fora
   e Pra Dentro
3. Tocando a Ponta dos Pés
4. Chutando Com a Perna Direita (Pro Alto)
5. Chutando Com a Perna Esquerda (Pro Alto)
6. Contorcendo-se Pra Trás
7. Estirando as Pernas Pra Fora
   e Pra Dentro - Sentado -
8. Saltitando
9. Respirando Fundo
10. Pulando Corda
11. Descendo Morro Abaixo
12. Agora Estou Pronto Pra Tocar
   Vamos a Aula Começar

GRUPO III...17
1. Spaccato
2. Respirando Fundo
3. Andando de Pernas Rijas e Escancaradas
4. Flexionando o Joelho Direito Pra Cima
   e Pra Baixo - Deitado -
5. Flexionando o Joelho Esquerdo Pra Cima
   e Pra Baixo - Deitado -
6. Flexionando os Dois Joelhos Pra Cima
   e Pra Baixo - Deitado -
7. Contorcendo-se Pra Trás
8. Rodopiando Pra Direita
9. Rodopiando Pra Esquerda
10. Pulando o Banquinho
11. Pulando do Caixote
12. Agora Estou Pronto Pra Tocar
   Vamos a Aula Começar

GRUPO IV...21
1. Passeando em Dia de Sol
2. Passeando em Dia de Chuva
3. Saltitando em Dia de Sol
4. Saltitando em Dia de Chuva
5. Respirando Fundo em Dia de Sol
6. Respirando Fundo em Dia de Chuva
7. Passinhos do Bebê
8. Fazendo Piruetas
9. O Pulo do Sapo
10. Andando na Corda Bamba
11. Andando na Ponta dos Pés
12. Agora Estou Pronto PraTocar
   Vamos a Aula Começar

GRUPO V..25
1. Correndo
2. No Balanço
3. Na Gangorra
4. No Gira-Gira
5. Nadando
6. No Escorregador
7. No Trepa-Trepa (Sobe-Pula)
8. Suspenso na Barra Fixa pelos Joelhos
9. Andando no Trapézio de Argolas
10. Pulando Corda
11. Jogando Bilboquê
12. Agora Estou Pronto Pra Tocar
   Vamos a Aula Começar

Este Mini-Livro foi especialmente concebido como prática habitual para anteceder o Livro Preparatório de "A Dose do Dia", 1º volume.

Graças aos meus longos anos de ensino de piano a jovens alunos, senti a necessidade premente de ministrar-lhes exercícios técnicos antes de iniciar a aula propriamente dita; uma espécie de aquecimento físico (que antes era feito durante a aula), para que eles pudessem ler com automatismo as notas musicais do Livro Preparatório de "A Dose do Dia", 1º volume.

Convencida da carência de uma preparação adequada, idealizei este Mini-Livro para principiantes, o qual consta de Grupos de 12 exercícios técnicos diários, especialmente concebidos para serem praticados subsidiariamente a qualquer método de aprendizado de piano, oficial ou particular.

Os exercícios são racionalmente estruturados sobre notas musicais com as quais o aluno está aprendendo a conviver, a fim de auxiliá-lo a lê-las com mais facilidade e, ao mesmo tempo, entretê-lo enquanto absorve o conteúdo deste Mini-Livro de "A Dose do Dia".

Após completá-lo ele sentirá maior prazer e mais facilidade para o passo seguinte: o Livro Preparatório, também composto em Grupos de 12 exercícios diários.

Edna-Mae Burnam (☆1907✝2007)
(Tradução de Bruno Quaino)

Muitas pessoas fazem exercícios todas as manhãs antes de sair para o serviço.

Da mesma forma, devemos exercitar nossos dedos todos os dias antes de iniciar a aula de piano.

O objetivo deste livro é auxiliar o desenvolvimento de mãos fortes e dedos flexíveis.

Não queira tentar aprender os primeiros doze exercícios de uma vez; estude apenas dois ou três exercícios e pratique-os todos os dias antes de começar a sua aula de piano. Quando esses movimentos estiverem bem dominados, passe para o próximo e assim por diante, até conseguir fazer os doze exercícios com perfeição.

Quando a primeira dúzia, ou o Grupo I, estiver assimilado e sendo praticado com perfeição, o Grupo II poderá ser iniciado, seguindo a mesma conduta.

Quando o método inteiro estiver concluído, quaisquer dos Grupos poderão ser transpostos para outras tonalidades. Aliás este é um procedimento que aconselhamos.

Edna-Mae Burnam (✰1907✟2007)
(Tradução de Bruno Quaino)

À minha família

Grupo I
1. Andando
(Walking)

2. Pulando Num Pé Só
(Hopping)

3. Quicando Bola Com A Mão Direita
(Bouncing a Ball With Right Hand)

4. Quicando Bola Com A Mão Esquerda
(Bouncing a Ball With Left Hand)

5. Rolando No Chão
(Rolling)

6. Braços Pra Cima E Pra Baixo
(Arms Up And Down)

7. Saltitando
(Skipping)

8. Respirando Fundo
(Deep Breathing)

9. Martelando Com A Mão Direita
(Hammering With Right Hand)

Mantenha o polegar da mão direita preso

10. Martelando Com A Mão Esquerda
(Hammering With Left Hand)

Mantenha o polegar
da mão esquerda preso

11. Andando De Botas Em Poças D'Água
(Walking In a Water Puddle In Boots)

12. Agora Estou Pronto Pra Tocar Vamos A Aula Começar
(Fit As A Fiddle And Ready To Go)

Es - tou á - gil pra va - ler. No - ta dez vou me - re - cer.
Now my fing - ers feel so good. I can play the way I should.

Grupo II
1. Torcendo-se Pra Direita E Pra Esquerda
(Twisting Right And Left)

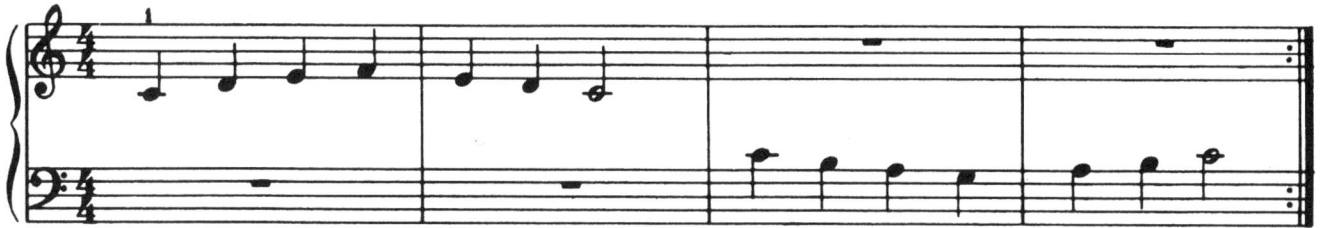

2. Flexionando Os Braços Pra Fora E Pra Dentro
(Flinging Arms Out And Back)

3. Tocando A Ponta Dos Pés
(Touching Toes)

4. Chutando Com A Perna Direita (Pro Alto)
(Kicking Right Leg Up)

5. Chutando Com A Perna Esquerda (Pro Alto)
(Kicking Left Leg Up)

6. Contorcendo-se Pra Trás
(Backward Bend)

7. Estirando As Pernas Pra Fora E Pra Dentro
- Sentado -
(Stretching Legs Out And Back-sitting down-)

8. Saltitando
(Skipping)

9. Respirando Fundo
(Deep Breathing)

10. Pular Corda
(Jump Rope)

11. Descendo Morro Abaixo
(Walking Down A Hill)

12. Agora Estou Pronto Pra Tocar Vamos A Aula Começar
(Fit As A Fiddle And Ready To Go)

De - dos sol - tos co - mo es - tão to - cam bem es - ta can - ção.
Now I'm nim - ble as can be. I can play this mel - o - dy.

Grupo III
1. Spaccato
(The Splits) (Le Grand Écart)

2. Respirando Fundo
(Deep Breathing)

3. Andando De Pernas Rijas E Escancaradas
(Wide Walk - Stiff Legged)

4. Flexionando O Joelho Direito Pra Cima E Pra Baixo - Deitado -
(Right Knee Up And Back - Lying Down -)

5. Flexionando O Joelho Esquerdo Pra Cima E Pra Baixo — Deitado —
(Left Knee Up And Back - Lying Down -)

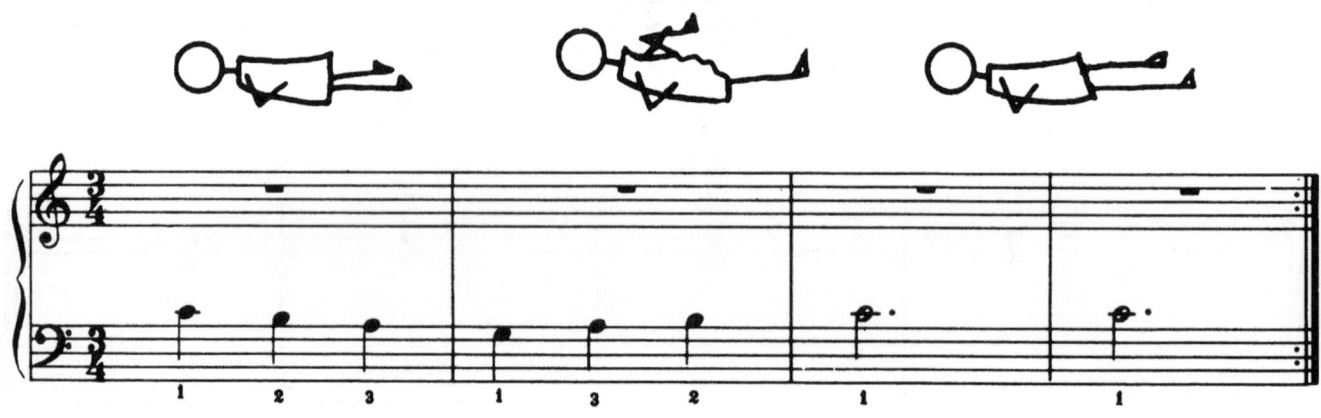

6. Flexionando Os Dois Joelhos Pra Cima E Pra Baixo — Deitado —
(Both Knees Up And Back - Lying Down -)

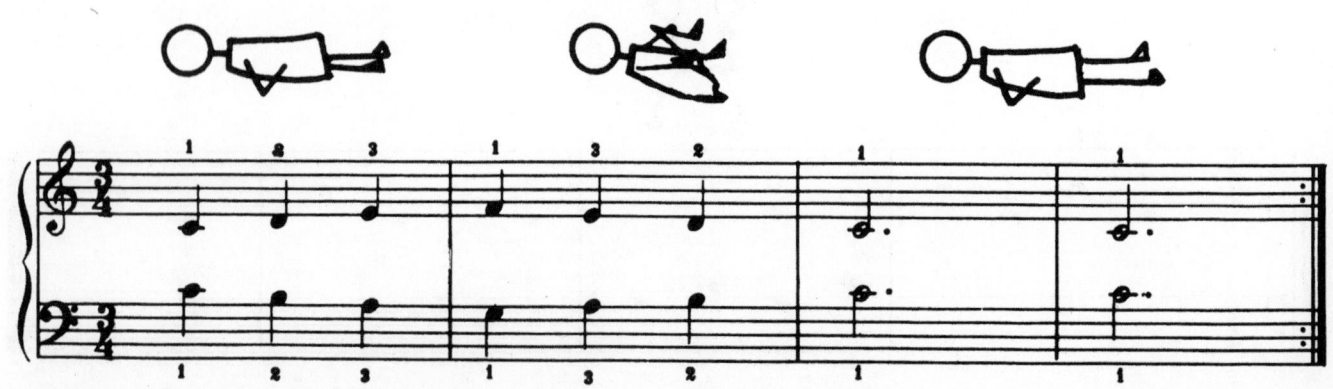

7. Contorcendo-se Pra Trás
(Backward Bend)

8. Rodopiando Pra Direita
(Twirling To The Right)

9. Rodopiando Pra Esquerda
(Twirling To The Left)

10. Pulando O Banquinho
(Jumping Over a Bench)

11. Pulando do Caixote
(Jumping Off a Big Box)

12. Agora Estou Pronto Pra Tocar Vamos A Aula Começar
(Fit As A Fiddle And Ready To Go)

Co - mo nin - guém eu já sei to - car bem.
Read - y to go, Play - ing mu - sic I know.

Grupo IV
1. Passeando Em Dia De Sol
(Walking On A Sunny Day)

2. Passeando Em Dia De Chuva
(Walking On A Cloudy Day)

3. Saltitando Em Dia de Sol
(Skipping On A Sunny Day)

4. Saltitando Em Dia de Chuva
(Skipping on A Cloudy Day)

5. Respirando Fundo Em Dia de Sol
(Deep Breathing On A Sunny Day)

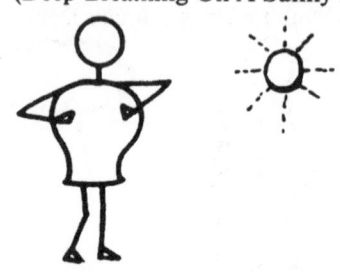

6. Respirando Fundo Em Dia de Chuva
(Deep Breathing On A Cloudy Day)

7. Passinhos Do Bebê
(Baby Steps)

8. Fazendo Piruetas
(Cartwheels)

9. O Pulo Do Sapo
(Leap Frog)

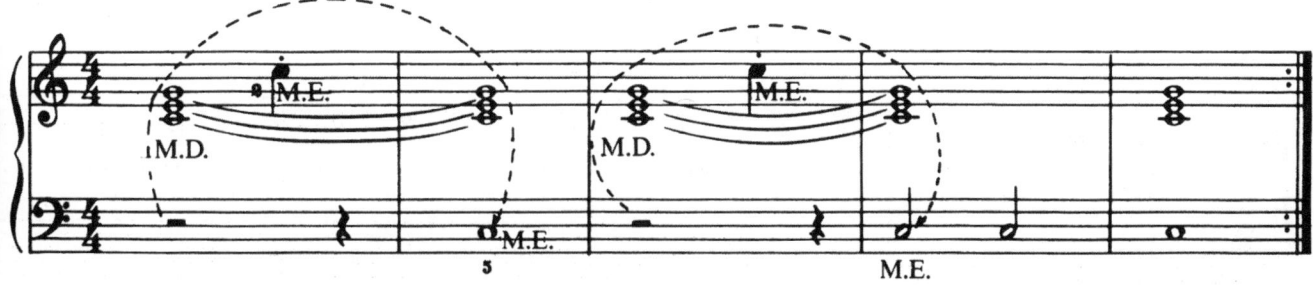

10. Andando Na Corda Bamba
(Tight Rope Walking)

Mantenha o polegar da mão direita preso

11. Andando Na Ponta Dos Pés
(Walking On Tiptoes)

12. Agora Estou Pronto Pra Tocar Vamos A Aula Começar
(Fit As A Fiddle And Ready To Go)

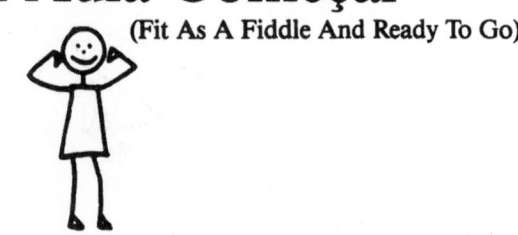

Es - tu - dan - do eu fi - quei á - gil não me a tra - pa - lhei
Fing - ers read - y as can be. Play - ing mus - ic just for me.

Grupo V
1. Correndo
(Running)

2. No Balanço
(In A Swing)

3. Na Gangorra
(Teeter Totter)

4. No Gira-Gira
(Whirly Gig Ride)

5. Nadando
(Swimming)

6. No Escorregador
(Going Down A Slide)

7. No Trepa-Trepa (Sobe-Pula)
(Climbing Monkey Bars)

8. Suspenso Na Barra Fixa Pelos Joelhos
(Hanging By Knees On Acting Bar)

Mantenha o polegar da mão direita preso

9. Andando No Trapézio De Argolas
(Walking On Trapeze Rings)

10. Pular Corda
(Jump Rope)

11. Jogando Bilboquê
(Tether Ball)

12. Agora Estou Pronto Pra Tocar
Vamos A Aula Começar
(Fit As A Fiddle And Ready To Go)

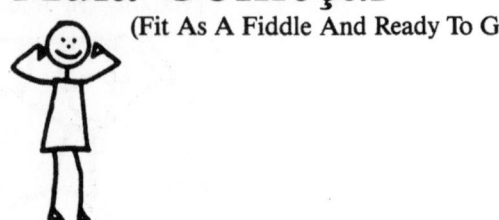

Os meus dedos gostam de dan - çar to - cam to - cam sem pa - rar.
Nim - ble, nim - ble fin - gers like to play Lots of nim - ble notes to - day.